学術研究出版

平橋 弘行
Hirahashi Hiroyuki

アンダルシアが好きになる本

P.S.M.Adventure

アンダルシア地方

アンダルシア地方には８つの県からなりそれぞれの県で特徴が異なっています。

マドリードからラマンチャ地方を車で走るとまっさきに入るハエン県はオリーブ栽培が盛んで、見渡す限りオリーブ畑を初めて見る人にとっては感動的な風景でしょう。

セビリア県、コルドバ県では６月から７月にかけてひまわりが大地一面に花を咲かせます。スキー場があるグラナダ県、高級イベリコハムの産地ウエルバ県、乾燥地帯のアルメリア県、太陽海岸にリゾートホテルが立ち並ぶマラガ県、ジブラルタル海峡に面したカディス県の山間部では皮革産業が盛んでロエベを始め有名ブランドの皮革製品が製造されています。

地中海沿岸のグラナダとマラガでは海老やイワシなどが水揚げされますが、大西洋に面したカディス県ではマグロ漁が盛んで日本にも輸出されています。

野菜ではグリーンアスパラ、アーティチョーク、そして温暖な気候を利用してトマトが栽培されますが、イチゴや桃などフルーツも作られています。特にグラナダとマラガの海岸線で栽培されるチリモジャという高級フルーツは有名です。

アンダルシアを代表する料理にはガスパチョがあります。トマトとニンニク、そして玉ねぎとキュウリをベースにパンとビネガーをミキサーでかき混ぜ、冷やして飲むアンダルシアのスープで夏バテ防止に利く農民が考えたスープで、赤、グリーンのピーマンも頻繁に使います。お好みで、刻んだ玉ネギ、トマト、グリーンペッパーやクルトンをトッピングして是非味わって下さい。

アンダルシアの人達にとって朝食にオリーブオイルは欠かせません。世界一のオリーブ生産国のスペインの中で60%はアンダルシアで生産されています。バゲットをトーストにしてすり潰したトマトを乗せ、その上からエキストラ・バージンオイルをたっぷりとかけて食べるのがアンダルシア風の朝食です。

Andalucía

食生活にこだわりを持つアンダルシアの人の食事の時間が遅く観光客があまり行かない店がオープンするのが、昼は14時、夜が21時ということがありますので注意してください。

このようにアンダルシアと一言で言っても広く全てを紹介するのは難しいのでこの本では一般的に人気がある町や村を紹介させていただきます。

Contents

グラナダ

街の背後に聳えるシエラネバダ山脈は海抜3,482メートルのムルアセン峰はイベリア半島で最も高い山です。シエラネバダの北側にはヨーロッパ最南端のスキー場がありかつてワールドカップが開催されたことがあります。

山脈の裾に位置するグラナダの海抜も750メートルあり、その為、日中で温度差があります。夏でも万年雪が残る山脈から流れる水により周辺の肥沃な土壌では果物やたばこが栽培されています。

意外と思われるかも知れませんがグラナダから地中海までも車で45分ほどで到着でき、モトゥリル港で揚がる新鮮な海老や魚がグラナダで食べられます。

観光にはアルハンブラ宮殿見学を外す事はできません。大使の間やライオンの中庭などナスール宮殿を見学しヘネラリッフェの夏の離宮でベンチに腰かけてゆっくりするのも普段あまり味わえない一時になるでしょう。更に時間があれば是非アルバイシンの丘にあるサン・ニコラス展望台まで行ってください。シエラネバダ山脈を背にしたアルハンブラ宮殿が目の前にあって、写真を撮るには最高のスポットです。冬なら雪山をバックにしたアルハンブラ宮殿を写せるでしょう。

サン・ニコラス展望台までは歩いても行けますが、ヌエバ広場(Plaza Nueva)からミニバスが出ていてすぐ近くまで行くことができます。

アルハンブラ宮殿

アルハンブラ宮殿 La Alhambra

9世紀から砦は存在していましたが、ナスール王朝時代の13世紀に本格的に宮殿の建設が始められ、その後14世紀まで歴代の王により拡張されています。

1492年にナスール王朝最後の王になるボアブディルが城門の鍵をカトリック両王に渡してレコンキスタは完了すると、宮殿はキリスト教徒の城塞に変わります。

イサベル女王の孫にあたるカルロス5世統治に宮殿の一部が壊されカルロス5世宮殿に変えられましたが、ルネッサンス様式の宮殿は、外観がシンプルなアルハンブラ宮殿とはミスマッチの感がしてなりません。

カルロス５世はハプスブルグ家の王でオーストリアではカール５世ですがスペインではカルロス１世になり同じ王様です。本来はカルロス１世と言うべきですが、スペインでもカルロス５世という呼び方をしているのでカルロス５世としておきます。

19世紀初頭の独立戦争中アルハンブラ宮殿はフランス軍に占拠されました。フランス軍がグラナダから撤退する時に宮殿の一部が破壊されました。

フランス軍が去った後、廃墟状態になっていた宮殿にワシントン・アービングがやって来ます。1829年のことです。

彼はセビリアから馬で旅をしてグラナダに到着するとアルハンブラ宮殿内の部屋に住み、グラナダに残る伝説を元に彼の想像を加えてアルハンブラ物語という本を執筆しました。その本がヒットするとアルハンブラ宮殿の名前が知れ渡り世界中から観光客が訪れるようになりました。お蔭で宮殿は修復されて現在に至っています。

見学にあたり、当日入場券の購入は難しいので必ず事前に入手してください。チケットは予約した時間から30分の間にナスール宮殿に入ることが出来ますが、早めに行って入場する前にカルロス５世宮殿をと博物館を見学すると効率が良いでしょう。博物館には宮殿内で使用されたタイルや装飾物が展示されています。

宮殿見学のルートは一方通行で、かつて裁判を行ったメスアールの間から始まり、途中で天井の装飾が美しい大使の間やライオンの中庭を通り外に出ると夏の離宮ヘネラリッフェへと続くようになっています。

メスアールの間

ナスール宮殿に入り最初の部屋です。宰相達の会議に使われた部屋ですが裁判所の役割も果たしていました。部屋は14世紀に建てられましたが、後に何度か改装されています。キリスト教徒の時代になって更に改装され現在は壊れていますが２階をチャペルに変えています。プルス・ウルトラ(PLVS VLTRE) と書かれたヘラクレスの柱を描いたパネルはその時に装飾されたものです。

壁の上部のアラビア文字は漆喰板に彫られたコーランの一説ではめ込みになっています。

窓側の小部屋は礼拝の部屋で、入って右側の壁にメッカの方向を示すミフラブが造られています。

大使の間

メスアールの間から小さなパティオを通り抜けるとアラヤネスの中庭にでます。長さ34メートルの水槽の周囲に４つの部屋があり４人の正妻の部屋です。水槽がある場所はイスラム時代には庭であり木や花が植えられていました。

中庭に面してコマレスの塔が建っていますが、塔の中が大使の間です。王の部屋でもありましたが、他国の使者と謁見する時はこの部屋で行いました。

外側に９つのアーチがあり中は小さなスペースになっています。謁見中は入口の正面に王が座り、残りの８つに御付の家来達が座っていました。

14世紀の建築物で、部屋の広さは１辺が11メートルの正方形で天井の高さは18メートルです。

部屋の壁はタイルや漆喰を使用して幾何学模様で装飾されています。時が経つとともに色あせてしまっていますが、元々壁は赤、緑、青、黄色の原色で塗られていました。

床は素焼きの床タイルで張られていますがかつては大理石の床だったようです。

天井のクーポラを注意してみて下さい。無数の象嵌の星はまるで夜空に輝く星のようです。良く見ると７段階の角度が付けられています。イスラムの世界では天海は７つ存在すると信じられていることからそのように角度を付けたと言われています。

大使の間

ライオンの中庭

中庭は大理石の柱で囲まれていますが、柱の数はまちまちで、１本もあれば２本、３本もあり統一されてなく垂直に立っていない柱もあります。わざとこのようにしているのは、完璧なのは神のみと言いたいのでしょう。

中庭の中央に置かれた12頭のライオンはアルハンブラ宮殿よりも200年程前のもので、ユダヤ人の屋敷から持ってきたらしく、それぞれ顔やデザインが違う12頭のライオンはユダヤの12部族を意味しています。

回廊を時計と逆回りに進みますが、途中３つの部屋があります。

アベンセラへの間

アベンセラへは王に仕えた名門一族でしたがこの部屋で一族郎党の首が刎ねられたという言い伝えが残っています。逸話によると、アベンセラヘ家の若者が王妃と恋仲になり、それが見つかり処刑されました。

諸王の間

ライオンの中庭に面して最も広い部屋で、壁で仕切られてないので部屋からライオンの噴水が見られるようになっています。王家の祝い事などに使用された部屋です。

部屋は柱によって３つに分けられ、それぞれの天井の楕円形のクーポラには革が張られ、それに王たちの肖像画が描かれています。偶像を描くことは禁止されているイスラム教においてこれは冒涜行為です。興味深いのはキリスト教徒の騎士や女性が描

ライオンの中庭

かれていることです。

この部屋はライオンの中庭同様に14世紀にモハメド5世の命で造られています。

二姉妹の間

この名前が付けられたのは、恐らく床に付けられた噴水を挟んで大きな2枚の大理石板があるからだと想像できます。

部屋は王の寝室で、部屋から中庭に置かれたライオンの噴水、そして窓からはリンダラハの中庭を眺めることができます。

鍾乳洞のような天井は見事です。モハメッドはヒラー山の洞窟で瞑想していて天使ガブリエルから啓示を受けたとされていますが、もしかしてその洞窟をイメージしているのかも知れません。

二姉妹の間からは浴場の屋根の横の廊下を進み外にでます。途中アルバイシンとサクロモンテの眺望を望むテラスを通ります。

ヘネラリフェ庭園

ナスール宮殿を出て庭園を歩きながらヘネラリフェに向かいます。天気が良ければ、各国から取り寄せた木々を眺めながらの気持ちの良い散歩になります。

ヘネラリフェは王の憩いの場で、特に暑い夏の日は噴水の水の音を聞きながら静かに過ごせる場所でした。

造られたのは13世紀で、大使の間があるコマレスの塔より先に造られています。

二姉妹の間

ヘネラリフェ庭園

グラナダ大聖堂

大聖堂と王家の礼拝堂 *Catedral de Granada & Capilla Real*

ナスール王朝終焉後、アルハンブラ宮殿内のモスクは教会に変えられ大聖堂になりました。しかし、大聖堂としては小さく信者の数が増えるにつれ収容できなくなり、カトリック両王は市内に新しい大聖堂を建設するように命じました。

建築家エガによって大聖堂建設の計画が発表され、1506年から工事が始まる予定でしたが、2年前にイサベル女王がなくなっていたので、大聖堂より礼拝堂の工事を優先させる為に大聖堂の工事は延期されました。礼拝堂が完成するのは1517年ですが、完成する2年前に亡くなりサン・フランシスコ修道院に安置されていたイサベル女王の遺体は完成前に移されています。また1516年に女王の夫であるフェルナンド2世王がなくなると女王の隣に王の棺が置かれました。

礼拝堂が完成すると工事が再開され1523年に最初の石が置かれましたが、すぐに中断されそのまま放置されます。理由は、当初教会はゴシック様式で建てられるはずでしたが、20年近い年月の間に様式の流行が変わってしまい、保守派と革新派の間で対立が起こったからです。それでもゴシックに拘るエガは工事を強行すると外壁の建設を始めます。

ところが、1228年に大司教が変わると建設の見直しを始めます。結局、新しい大司教はゴシックが時代遅れと判断しエガを解任します。最終的に大聖堂は1561年にルネッサンス様式の教会として完成しました。

アルカイセリア *Alcaiceria*

大聖堂のすぐ横にエキゾチックな路地があります。路地というよりは横丁と言ったほうがぴったりで、細い通りにイスラムの土産物屋が建ち並ぶ路地に入るとまるでイスラムの国に来たような錯覚をします。店づくりがモロッコのスークの店のように小さな店が並んでいるだけでなく言葉もアラブ語が飛び交っています。

アルカイセリアを通り抜けるとビブ・ランブラ広場にでます。イスラム時代に広場は街の中心で市場の役割をしていたようですが、現在はおしゃれなカフェやレストランが並んでいます。休憩を兼ねてテラスでお茶などいかがでしょうか。

アルカイセリア

グラナダの料理 *Cocina Granadina*

サクロモンテ風オムレツ

サクロモンテ風オムレツ
(Tortilla Sacromonte)

スペイン風オムレツと言えば通常ポテトが入るものです、サクロモンテ風オムレツには子羊の脳みそが入ります。日本人観光客にとって少々グロテスクなオムレツかも知れませんね。

小魚のフライ *(Pescaito Frito)*

グラナダの街には海はありませんが、車で45分ほど走ると地中海に面したモトゥリルの漁港に到着できます。そこで海老や魚が水揚げされるので、グラナダで新鮮な魚や海老が食べられます。

フライにする魚はペスカディジャというメルルーサの子供やキビナゴ、ホタルイカが多く使われますが、軽く衣をつけてオリーブオイルでサラッと揚げるのがコツ。その上に絞ったレモンをかけて食べると美味しいです。

小魚のフライ

タパス

グラナダのタパスは他の都市と比較して量が多いのが特徴、特に学生に人気がある店や地元の人が集まる店の量は半端ではありません。ドリンク１杯注文するとそんなタパスが出てくる訳で、ビールを３杯も注文するとお腹が一杯になります。店は通常、１杯目、２杯目とそれぞれ違ったタパスを出してくれるようになっていますが、最近はタパスのメニューから自由に選べる店が増えてきています。地元の人が行く店はオープンが遅い所が多いので観光客には向かないので、夕方からオープンしているナバス通りに並んだ店が無難。ヌエバ広場近くにあるカスタニェラは雰囲気があり人気がある店です。

タパス

生ハム (Jamon De Travelez)

アンダルシアのウエルバ県にあるハブゴという村はイベリコ豚の生ハムで有名ですが、グラナダにも美味しい生ハムがあります。

生ハム

シエラネバダは最高峰3,482メートルのムルアセン峰を持つ山脈で、スキー場がある北側には万年雪が残っています。雪がつもらない南側の中腹には白い村が点在していて、その中の海抜1,470メートルのトラベレス村で生ハムが作られています。

イベリコ豚と違い使用する豚は白豚でハモン・セラーノになりますが、シエラネバダから吹き降ろす冷たい空気が良質のハムに仕上げます。

セビリア

陽気なアンダルシア地方の中でもセビリアは特に開放的なイメージがあります。伝統的建築物にセビリアイエローという黄色を使用しているので更にそんな風に感じるのかもしれませんが、温暖な気候の所為か人が明るい気がします。

確かにセビリアっ子は明るくて人懐っこいが、同時にいい加減なところもあり、誇り高い人達が多いようです。誇りを持つことは良い事ですが、その割に約束してもあてにならない一面があるような気がします。一攫千金が好きなのはスペイン人気質ですが、私の経験から、特にセビリアっ子は特にそれが強いのではないでしょうか。

セビリア人の言い回しは面白く、協力を頼むと「いくらくれる」という言う代わりに「それで私のメリットは何かね」という表現をする人がいます。要は遠まわしに金をくれと言っている訳ですが、そんなところにも彼らの誇り高さを感じます。

肝心なセビリアでの見学場所ですが、スペインで１番、世界で３番目の大きさの大聖堂は外せないでしょう。大聖堂に隣接してインディオ資料館やアルカサール、細い路地のサンタ・クルス街を歩けばほぼセビリアを観光したと言えますが、ピラトの家も捨てがたいです。

そのほかに、イベロ万博時のスペイン館があるスペイン広場は、青空に高く上がる噴水と背後のスペイン館が絵になります。時間があればメトロポール・パラソルという奇抜な建物を見学しても良いでしょう。周囲の建物とアンバランスな巨大な建物は「茸」とあだ名が付けられていて屋上まで上がる事ができます。

大聖堂

大聖堂 Catedral

1248年にカスティリャーナ王国のフェルナンド3世(フェルナンド聖王)がセビリアをイスラムから奪回すると、真っ先に大モスクは大聖堂に変えられました。

14世紀末になると大聖堂の老朽化が進み建て直しが決定されます。工事は1401年に始まり1507年にゴシック様式の大聖堂が完成しました。

大聖堂の内部は、奥行き116メートル、幅76メートル、高さ42メートルで、36本の柱により天井を支え、中央から5つのブロックに分かれ中央が高く聳えるような典型的なゴシック建築になっています。

スペインの教会の特徴は祭壇と聖歌隊が分かれていることですが、セビリアの大聖堂も例にもれず祭壇の後ろが信者の席でその後ろに聖歌隊席となっています。

祭壇の後方に置かれた金箔で塗られた45枚のパネルにイエスと聖母マリアの生涯が刻まれています。高さ20メートル、幅20メートルと祭壇彫刻としては非常に大きなもので、パネルの大きさは上に行くほど大きくなっています。下から見上げた時に同じ大きさに見えるように考えられたものです。

大聖堂の壁に沿って当時の権力者達が

造った個人の小さなチャペルがありますが、それぞれ造られた時代が違うので、ルネッサンスやバロックなど、当時流行った様式を取り入れ、それぞれ違った様式のチャペルになっています。

その中に聖アントニオ礼拝堂と呼ばれるチャペルがあり、セビリア出身の画家ムリリオが描いた「聖アントニオの礼拝」という大きな絵が飾られています。1874年11月４日の夜に大聖堂に忍び込んだ泥棒が聖アントニオの部分を切り抜いて持ち去りました。盗まれた絵は、1875年１月２日にニューヨークの骨董品店で発見されて無事セビリアに戻ってきました。良く見て頂くと、ひざまずいた聖アントニオの周囲に四角く切られた跡が残っているのが分かります。

大聖堂の祭壇近くにコロンブスの棺があります。棺は、カスティーリャ、アラゴン、ナバラ、レオンの４王国の王によって担がれています。本当にコロンブスの遺体が入っているかどうかは皆さんの判断にお任せします。

アルカサール

Alcázar

11世紀にイスラム教徒が街の防御の為に城塞を建て城壁で囲んだのがセビリアのアルカサール（王城）です。レコンキスタによりセビリアがキリスト教徒の街になるとアルカサールは王宮になり、歴代の王により増築され、イスラム、ゴシック、ルネッサンス、バロックと様々の様式を持つ宮殿になります。

赤く塗られた城壁の門の上のタイルにライオンが描かれたライオンの門を入るとチケット売り場があります。

入場するとライオンの中庭に出ます。そこから３つのアーチが見えますが、そえはムアッヒド朝時代の城壁で、アルカサールが建てられる前のものです。

アーチを通り抜けるとモンテリアの中庭ですが、広い中庭の周囲にはそれぞれ違った様式の建築物が建っています。向かって正面がペドロ１世宮殿、右が契約の宮殿、そして左がゴシック宮殿です。

ペドロ１世宮殿

ペドロ1世宮殿

アーチを抜けてモンテリアの中庭に入り正面がアルカサール見学のメインとも言えるペドロ1世の宮殿です。

ペドロ１世は14世紀のカスティーリャ王ですがオープンな考えの持ち主で、たとえ異教徒であっても有能な者は取り入れるという実力主義者でした。それ故、王にはイスラム教徒やユダヤ教徒が仕えていました。イスラム文化に心酔していたペドロ１世は宮殿をイスラム様式で建てることにしました。この様式をムデハル様式と呼びます。

宮殿の中央に乙女の中庭がありますが、中庭を囲む部屋を見学します。中庭からは八角形のクーポラが見えますが、そのクーポラ下に天井のドームが鮮やかな大使の間があります。アルハンブラ宮殿の大使の間の天井は四角ですがペドロ１世宮殿の大使の間は丸いドームで造られています。

もう１つ中庭から見ると、2階が１階のムデハル様式とは違う様式になっているのが分かると思います。元々はムデハル様式でしたが、16世紀にカルロス５世が改築してルネッサンス様式に改装したからです。次の国王フェリッペ2世も父王の意志を引き継ぎ、天井を改装したのでオリジナルの天井は残念ながら見る事は出来ません。

天井がガラス張りになっている小さなパティオは人形の中庭です。建設にあたって職人が彫刻した小さな人形の顔(そのようにも見えます)があるので探してみてください。

契約の宮殿と提督の間

中庭に入って右の建物は契約の宮殿(CASA DE CONTRATACION)で、大航海時代この宮殿内でアメリカ大陸へ出向する船の船長と国が契約を交わしていました。

建物に入ってすぐの部屋が提督の間でアルフォンソ13世と家族の肖像画などが飾られています。この王様はセビリアで開催されたイベロ万博の時の国王です。(スペイン広場を参照してください)

２階には是非上がってください。宮殿装飾に使用されたタイルなど展示されていて参考になります。窓からは中庭を見下ろすことができます。

１階の奥に、船長が航海の無事を祈願したチャペルがあります。祭壇画にはコロンブスと、海の向こうは地獄と信じられていた当時、コロンブスの為に船乗りを集めたピンソン兄弟が描かれています。３隻のカラベラ船で出港しましたが、サンタ・マリア号にコロンブスが、ピンタ号とニーニャ号にピンソン兄弟が船長として航海しました。

ゴシック宮殿

モンテリアの中庭から見る外観はルネッサンス様式でゴシックと言ってもピンとこないかも知れません。1755年に起きたリスボン大地震によりアルカサールの一部が被害に遭いました。ゴシック宮殿も地震で被害を受け、後に修復された時にルネッサンス様式で建て直されたからです。

ゴシック宮殿はフェルナンド３世の後継者であるアルフォンソ十世が建てた宮殿です。王自身はイスラム装飾を好んでいたようですが、狭い部屋に低い天井そして迷宮のようなイスラムの宮殿は好きになれず、結局ゴシック様式で宮殿を建てる事にしました。

ゴシック宮殿には、ペドロ１世宮殿の奥に階段があり、それを上ると宮殿内に入ることが出来ます。セビリアタイルで装飾された回廊の天井のリブ・ボルトを見るとゴシック様式の建物ということが分かります。

広い庭園は、もし天気が良ければゆっくりと散歩して下さい。カルロス５世のパビリオンも庭園にあります。

アルカサールの出口を出るとそこはオレンジが植えられた庭があり、そこから大聖堂のヒラルダの塔が見えています。出口から右に建物に沿って進むと小さなアーチの通り道があるので抜けるとサンタ・クルス街へ行く近道になっています。サンタ・クルス街には何軒かバールがあるのでアルカサールを見学して疲れたらサングリアでも飲みながら休憩をして下さい。

スペイン広場 Plaza de España

1929年にセビリアでイベロ万博が開催されました。イベロ万博とはスペイン語を話す国が参加した万博で、スペイン及び中南米以外にアメリカ合衆国とモロッコも参加しています。

会場は25ヘクタールの広さでしたが、その中の18ヘクタールはマリア・ルイサという伯爵夫人が市に寄付した土地を会場にしています。後に、スペイン広場に隣接した森はマリア・ルイサ公園と名付けられました。

スペイン広場は万博会場のスペイン館跡で巨大な建物は市の所有ですが一部は軍が使用しています。装飾にはセビリアタイルを使用し、運河には４つの橋が架けられ、レコンキスタで戦った４王国の名前が付けられています。外の壁にはスペインの各県の歴史や逸話をタイルで装飾されています。

この万博後にセビリアは急速に発展を遂げました。1992年にもセビリア万博が開催されましたが、それ以上の成功であったと言えるでしょう。

メトロポールパラソル

スペイン広場

セビリアの郷土料理 Cocina Sevillana

フラメンコエッグ (Huevos a la Flamenca)

この料理は一般的に素焼きのキャセロールを使用し、出来上がった料理はそのままテーブルに運ばれます。

ニンニク、玉ねぎをフライパンで炒め、ハンバーガーショップのフライドポテトの大きさに切ったジャガイモや赤ピーマン、好きな野菜を加えて更に炒めます。陶器のキャセロールでオイルを温め、それに炒めた野菜を入れます。その上に卵を割らないように落とし、細かく切った生ハムと腸詰をちらし、トマトソースをかけてオーブンに数分入れ、卵に火が通ったら出来上がり。

B級グルメ カソン・デ・アドボ (Cazon En Adobo)

カソンという小さなサメの身を3センチほどに四角く切りマリネにします。この時マリネの液にすりつぶしたニンニクも加えます。それに小麦粉をつけて揚げたものです。あっさりして中々美味しいです。

カソン・デ・アドボ

カタツムリ (Caracoles)

乾燥したアンダルシアの台地には野生のアザミが咲き、初夏になると子供達がアザミについたカタツムリを取りに行きます。アザミは棘だらけで、棘は太く針の様に尖っているのでカタツムリを手で取るのは大変です。そこで左手にごつい手袋をしてアザミの茎を押さえて(右利きの場合)、右手に持った棒で茎を叩くと下に置いたザルにカタツムリが落ちてきます。こうして集めたカタツムリをバールに持って行くとお駄賃がもらえという訳です。

子供達が集めたカタツムリは2、3度水で洗われ、ニンニク、フェンネル、香辛料と唐辛子と一緒に茹でられビールやワインのおつまみになります。

カタツムリと言ってもアストリアやカタルーニャで食べられているものは我々が想像するフランス料理に使うエスカルゴですが、アンダルシアのものは小粒で日本のタニシぐらいの大きさしかありません。茹であがったカタツムリを爪楊枝ほじくり出して食べるのですが、それが少々面倒です。

タパス

アンダルシアではドリンクを注文するとタパスが付いてくるのが当然と言ってもおかしくありませんが、セビリアではほとんどの店はタパスを出しません。恐らく観光客など一元の客が多いからでしょうが、そこにセビリア人のしたたかさを見るような気がします。

それでもタパスのバールは多いので場所を紹介しますと、大聖堂のヒラルダの塔から始まるオレンジの並木のマテオス・ガゴ通りに雰囲気がよい店が何軒かあります。店の大きさやスタイルはまちまちです。もしくは闘牛場の裏にあたるアドリアノ通りにもおしゃれな店が何軒かあり地元の人に人気があります。アドリアノ通りに近いカステラール通りに、シンコ・ホタという生ハムの店があり美味しいイベリコ豚の生ハムが食べられます。

写真のタパスはカソン、茄子のフライ、イワシ

タパスってどんな料理？

タパとはスペイン語で蓋という意味があり複数形がタパスです。国王アルフォンソ 13 世（セビリアのイベロ万博が開催された時の国王）がアンダルシアのカディス県の海岸でシェリー酒を注文しました。その日は風が強く砂が飛び散っていました。そこでウェイターが気を利かせ、国王に出すつまみの小皿をグラスの上に乗せて砂が入らないように蓋をしたのがタパスの名前の発祥だと言われています。

通常のタパスは生ハムやオリーブそしてスペインオムレツなどが乗った小皿をワインやビールのつまみに出しますが特にこれでなければいけないというルールはなく、店が決めたものが出されます。

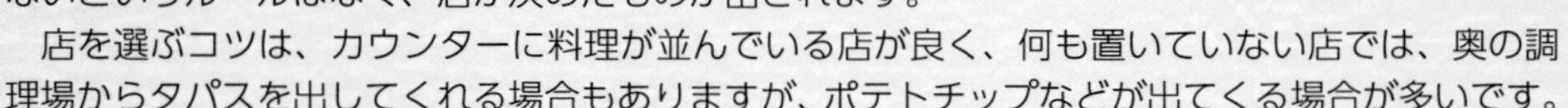

店を選ぶコツは、カウンターに料理が並んでいる店が良く、何も置いていない店では、奥の調理場からタパスを出してくれる場合もありますが、ポテトチップなどが出てくる場合が多いです。

スペインは地方によって習慣が違い、アンダルシアやマドリードでは通常タパスは無料ですが、カタルーニャやバレンシアそしてバスクは有料になります。個人的に感動したタパスはアンダルシア地方のグラナダとアルメリアで、グラナダは量の多さ、アルメリアでは量もありますが凝ったタパスが出てくる店が多かったことです。また海辺の町のバールで海老を出された時は得した気分になりました。

バスク地方ではタパスではなくピンチョと呼ばれます。ピンチョとは串という意味で、パンの上に乗せたカナッペ風のタパスに爪楊枝が刺さっています。

スペインでは是非バールに行ってタパスを味わってください。

コルドバ

マドリードから新幹線に乗ると1時間40分でコルドバに到着します。新幹線は1992年のセビリア万博に合わせてマドリードーセビリア間で開通しセビリアの１つ手前の駅がコルドバです。いまはグラナダやマラガ、そしてロンダまでマドリードから新幹線が出発していて全てコルドバを経由するので非常に便利です。

個人的意見で申し訳ないですが、私にとってコルドバはグラナダやセビリアに比べて少し地味な気がします。理由はバールが夜早く閉まるからかも知れません。もしかしたらコルドバの人はあまり夜遊びが好きではないのではと思う事があります。

歴史的にイスラム文化が開花したのがコルドバです。

756年にアブデルラーマン１世が起こした西ウマイア朝はコルドバ王朝とも呼ばれます。コルドバ王朝の全盛期は10世紀で100万人の人口を持つ大都市でした。因みに当時のパリの人口は10万人だったということです。

アルカサールとはイスラムの王宮でグラナダのアルハンブラ宮殿もアルカサールになります。アルハンブラ宮殿と違い、コルドバのアルカサールは完全に破壊され、今では城壁しか残っていません。しかし、当時の勢力から想像すると、グラナダのナスール王朝とは比べようもない勢力を持っていた王朝だったので、アルハンブラ宮殿以上に豪華な宮殿だったかも知れません。

メスキータは当時メッカのカーバ神殿に次ぐ大きなモスクで３万人が一度にお祈りができたようです。

コルドバ王朝の時代には、城壁内にはイスラム教徒、ユダヤ教徒、キリスト教徒が共存していて地区によって彼らの住居が分かれていました。イスラムの街は敵が攻め込んでも迷うように迷路になっています。散策をする時にちょっと迷うかも知れませんが怖がる必要はありません。どの家も中庭があり花で飾られ、開いている門があれば中庭を見ることが出来ます。

Córdoba

メスキータ

メスキータ(モスク) *Mezquita*

係員にチケットを見せてオレンジの中庭からメスキータに入ると、薄暗い広い室内に無数の柱が並び、柱に付けられた赤と白のアーチが、まるでナツメヤシの森の中に入ったような錯覚を感じさせます。

アーチを支える大理石や御影石の列柱はローマ遺跡や教会から持ってきたもので1本ずつ様式と長さが異なり、短い柱は石の台座によって高さを調整しています。

750年、アッバス朝との戦争で負けたウマイヤ朝の最後のカリフ、マルワーン2世が逃亡先のエジプトで暗殺されウマイア朝は滅びましたが、ウマイアの血を引く王子アブデルラーマンはスペインのコルドバに無事逃げ延びることが出来ました。

756年に彼はコルドバで西ウマイア朝(後期ウマイア朝)を起こすとアブデル・ラーマン1世として即位しますが、後にコルドバ王朝として世界に君臨する王国が誕生するとは当時の誰もが思いもしなかったのではないでしょうか。

786年、サン・ビセンテ教会が最初のメスキータになります。

当時、サン・ビセンテ教会では、イスラム教徒とキリスト教徒が交代で使用していたようで、例えば金曜日はイスラム教徒が礼拝として使い、日曜日はキリスト教徒のミサが行われていたようです。それを、アブデルラーマン１世が教会を買い取ってメスキータにしました。当時の教会のモザイクがメスキータの床下に残っていてガラス越しに見ることができます。

約100年経って、アブデル・ラーマン２世

大聖堂

統治に最初の拡張が行われ、10世紀にはアル・ハカム時代により更に拡張されました。この時代がコルドバ王朝全盛期にあたり、メスキータはグアダルキビール川近くまで到達しました。

10世紀末にアルマンソールが最後の拡張をした時は、グアダルキビール川の方向には拡張する事が出来なかったので横に拡張します。その頃はコルドバ王朝も衰退期に入っていて、増築に使った石材の質は落ちています。

グラナダのアルハンブラ宮殿の一部を破壊して新たな宮殿を建設したカルロス５世はメスキータにも手を加えています。

グアダルキビール川の対岸からメスキータを見ると中央部分が突出していますが、その部分が大聖堂です。カルロス５世は1,000本以上あった柱の150本ほどを取り除いて大聖堂を建ててしまいました。コルドバでもアンバランスな建築物を造ってしまったのです。ちなみに、現在のメスキータの柱の数は856本です。

ラテン十字の聖堂の天井のドームはルネッサンス様式の楕円形で、祭壇の壁には大理石がふんだんに使われています。

祭壇左右の説教壇は大理石のライオン、鷲、牛、天使が支えていますが、それらは福音書記者を現し、それぞれ聖マルコ（ライオン）、聖ヨハネ（鷲）、聖ルカ（牛）、聖マタイ（天使）を表しています。聖歌隊席はカリブ海から持ってきたマホガニー材を使用しています。

ローマ橋 Puente Romano

いつも沢山の観光客が歩いている橋は起源１世紀にローマ人によって造られた橋です。ですから、2000年も前の建築物でも今も人が歩いているのです。今でこそ歩道になっていますが、数十年前まではこの橋の上を観光バスや車が通っていて、その当時、石畳は舗装で覆われていて、橋はスモッグで黒くなっていました。今は石畳の代わりに御影石の板を敷き詰め歩きやすくしています。情緒はありませんが、車が通るよりははるかによいと思います。

橋の長さは330メートルで16のアーチで支えられています。アーチの間の出っ張りはイスラム時代に付け加えられたもので、洪水の時に流れてくる物体で橋が傷むのを防ぐようにしています。

グアダルキビール川に架かった橋の両岸に２つのモニュメントがあります。ローマ時代の凱旋門と対岸にあるカラオラの塔です。

凱旋門はローマ時代の建築物で、その当時の城壁の一部であったことは間違いないようですが、いつ建てられたのかははっきりしていません。また凱旋門という言い方に賛成しない人も多く、橋の門とも呼ばれています。門の下にはローマ時代のモザイクが残っています。

カラオラの塔はイスラム時代に街の防御の為に建てられました。ローマ橋は当時コルドバに架かっていた唯一の橋で、夜になると門が閉められ橋を渡る事が出来ませんでした。現在の塔はコルドバがキリスト教徒に奪回された後に拡張されたものです。

ローマ橋とメスキータ

ポトロ広場

ポトロ広場

Plaza del Potro

1577年にフェリッペ２世時代に作られた広場で16世紀には街の中心の広場だったようです。その当時の広場は活気があり、しはしばしば家畜市が開かれ、周囲に店が並んでいました。

当時、広場にはポサダ・デル・ポトロという宿屋があり以下の逸話が残っています。

14世紀にペドロ１世王に仕える１人の指揮官がこの宿屋に宿泊した時宿の娘を見てその美しさに驚きました。指揮官は宿の主人の娘だと思いましたが、主人は彼女とは似ても似つかぬ醜男だったので少し不思議に感じていました。

夕食の後、主人は客に「宿で１番の部屋を用意したのでゆっくりとお休み下さい」と言い２階の部屋に案内しました。

夜になって娘が部屋にやって来ると指揮官に、今夜は絶対に眠らぬように忠告しました。彼は娘の忠告に従い眠らずにいると、夜中に床の隠し扉が開き宿の主人が姿を現しました。主人が指揮官の荷物に手をかけた時、彼は、客がまだ寝ていないことに気付いて逃げ去りました。

セビリアに帰った指揮官が会議でその事を告げるとペドロ１世は役人をコルドバに派遣して宿を調べさせました。すると、宿から宿泊客の衣服や宝石が沢山見つかり、床からいくつかの死体が出てきました。その中の１人は娘の父親でした。

それを知り怒った王は死刑執行人に最も残酷な刑を執行するように命じました。そして宿の主人は馬につながれて股裂きの刑にされたそうです。その後指揮官は娘と結婚したそうです。現在、ポサダ・デル・ポトロは15世紀の宿のイメージで復元され見学が可能です。

ドンキホーテの小説にも宿の名前のみ登場していますが、作者セルバンテスは宿に宿泊したことがあるのかも知れません。

ポトロ広場からは、バールが並ぶコレデラ広場に近いので立ち寄って下さい。

コルドバの郷土料理 Cocina Cordobesa

オックステイルシチュー (Rabo De Toro)

コルドバと言えばやはりオックス・テイル・シチューでしょう。時間をかけてグツグツと柔らかくなるまで煮込んだオックス・テイルはコラーゲンたっぷりで、初めて食べる人は見た目で驚きますが１口食べると、その美味しさに表情が変わりファンになってしまうシチューです。

オックスとは英語で去勢牛ですがトロはスペイン語で雄牛です。本来は違う牛なのですがそこはあまり気にしないように。実際には去勢牛を使っている店がほとんどでしょう。

コルドバでシチューを食べたい人はカバリョ・ロホという老舗の店をお勧めします。

オックステイルシチュー

BAR SANTOS のオムレツ

平成天皇も食べた店です。正直、先代の時代と比べると味は落ちている感もなくはありませんが満足できると思います。場所はメスキータの横なので便利です。

タパス

昼間あれだけ人出があったメスキータ周囲は人の通りがなくなります。夜のコルドバを体験したい人はコレデラ広場かテンディリャス広場周辺がよいでしょう。

メスキータの隣に BAR SANTOS という小さいバールがあり、店の名物は巨大なスペインオムレツです。店に入ってすぐに３段重ねのショーウインドーがありオムレツを置いています。何でも卵30個使って作るとの事です。味は……

白い村 Pueblos Blancos

ロンダ

ロンダ Ronda

人口3万7千人のロンダは決して村ではありませんがここでは白い村として紹介いたします。

かつてロンダに行くのは道が悪く海岸線からもセビリアからも曲がりくねった道を車で何時間も走らなければなりませんでした。今でも海岸線からの道はカーブが多いですが、それでも以前に比べると少なく道幅も広くなっています。セビリアからの道路は快適です。

ロンダから20キロ程離れた場所にアシニポがありローマ人がそこに町を造りましたが西ゴート族により滅ぼされてアシニポは消滅します。現在はローマの劇場跡が残っています。

ロンダに大きな影響を与えたのは８世紀に現れたイスラム教徒です。彼らは街を建設して城壁で囲みます。まだ新橋(プエンテ・ヌエボ)が無かった時代なので彼らの町は旧市街のみですが当時のイスラム建築にアラブの浴場が残っています。

グァダレビン川にアラブ橋と呼ばれる橋

が架かっています。イスラム時代に架けられた橋ですが、後に何度か修復されオリジナルではありません。ロンダは新市街と旧市街の２つの地区の間に100メートルの断崖があります。建築技術が進んでいない時代にはこの高さに橋を架けることができませんでした。従って、２つの地区を移動するには崖を下りアラブ橋を渡るしか方法がありませんでした。18世紀になって建築技術が発達し、断崖に橋が架けられ両地区の移動が楽にできるようになりました。現在も車が行き来します。新橋の橋桁の下に部屋がありますがかつて牢獄として使われていた部屋です。

ロンダで最も有名なのは世界最古の闘牛場です。闘牛士がマントで牛をあしらう闘牛は近代闘牛で18世紀に考えられたものです。1785年に闘牛場のお披露目にロンダ出身で当時有名な闘牛士であったペドロ・ロメロが闘牛を行っています。彼は引退後にセビリアの闘牛学校の校長になり近代闘牛の指導をしました。

闘牛場ではバックステージも見学でき、集められた牛をどのように移動させるか分かるようになっています。中に闘牛博物館がありその当時の衣装などが展示されています。闘牛場の出口がショップになっています。

米国のヘミングウェイとオーソンウェルズはロンダを愛した人達です。また、ドイツ人詩人のリルケは1912年の冬に３か月間ロンダのホテル・レイナ・ビクトリアに滞在しています。

闘牛場

サアラ・デ・ラ・シエラ

サアラ・デ・ラ・シエラ　*Zahara de la Sierra*

1407年にキリスト教徒に奪回されサアラ・デラ・シエラはグラナダを首都にするナスール王朝との国境線にあるキリスト教徒の町でした。1481年にナスール王朝のムーライ・ハッサン王が攻撃してサアラ・デ・ラ・シエラを奪い返します。しかし、それはイサベル女王とフェルナンド王のグラナダ攻撃を決断させ、1492年にイスラム最後の砦であったアルハンブラは陥落します。イスラムにとってサアラ・デラ・シエラ攻撃は高い代償を払う事になったのです。

グラサレマ山脈の中腹にある町の人口は1,500人でアンダルシア地方のカディス県に属します。

町の下には青い湖がありますが、これはダム湖でダムが出来るまではロンダからセビリアまでの道路が走っていました。そのころは春になると道路沿いに子供達が立ち車がやって来るとアスパラガスの束を見せ

て売っていたものです。

1992年にダムが完成しましたが青いダム湖から望むサアラ・デラ・シエラの白い町並みは絶景です。

岩山に13世紀のイスラム時代に建てられた見張りの塔の下に白く塗られた家々が建ち並ぶ町、この景色はダムを挟んで見ると美しく感動を与えるでしょう。

坂を上って町に入ると小さな広場に到着します。広場に面したサンタ・マリア・デラ・メサ教会は17世紀のバロック様式の教会です。教会を建設するにあたって、同じ場所にあったサン・フランシスコ教会を壊して建て替えましたが、その時に古い教会の石材を使っています。鐘楼の屋根の青と白のタイルはセビリアの伝統的装飾です。祭壇にはロココ様式のパネルがあります。

広場の展望台から山に散らばる遠くの村々が見えます。サアラ・デラ・シエラからグラサレマ山脈の険しい峠を越えるとグラサレマに到着します。

セテニール　Setenil de las Bodegas

白い村のほとんどが岩山にへばりつくように住居が並んでいてセテニールも例外ではありません。ただしこの町は浸食された岩にはめ込まれた家が並び他の町とは違う景観を作っています。

かつて町はラテン語でセプテン・ニールと呼ばれていましたが、これは「7回の無駄」という意味です。レコンキスタ時代カスティーリャ王国のフアン２世の時代からセテニール攻略を試みましたが町が落ちずその数が７回だったことからそのように呼ばれました。1484年、イサベル女王による８回目の攻撃でセテニールは陥落します。

丘の頂上に建つイスラムの城砦の塔に向かって歩くと手前に観光オフィスがあります。そこで町の地図を貰うついでに入場券を購入すればよいでしょう。

塔の上から見ると城砦から段々畑状に家が並んでいることが分かります。また17キロ程の距離にあるオルベラの町がオリーブ畑の向こうに見えます。塔の下には給水所が造られているので見学してください。

すぐ隣にあるエンカルナシオン教会はキリスト教徒が町を奪回した後に建てられたものです。

城砦からトゥレホ（TREJO）川まで降りたハボネリア通りには岩の中に建てられた家が並んでいます。少し下流のクエバ・デル・ソル通りはレストランやバールが岩の中にあり人気スポットですが、ここは民家で雰囲気が少し違うので訪れると良いでしょう。

クエバス・デル・ソル通り

クエバス・デラ・ソンブラ通り

ハボネリア通り

オルベラ

Olvera

高台に建てられた城塞から白い家並みが広がる、それは典型的なイスラムの町でオルベラも例外ではありません。

岩山の上に12世紀のナスール王朝の城塞があり、1段低くなった隣にエンカルナシオン教会が建っています。この2つのモニュメントからオルベラの町を見下ろせ、更にアンダルシアの山々を望むことが出来ます。山の所々に見張りの塔が建てられていて狼煙で危険を知らせることが出来るようになっていました。

城塞

12世紀にオルベラで最も高い場所にある岩山の上にイスラム教徒が城塞を建設しました。城の形が不規則なのは岩に沿って城壁を造ったからです。城に行くには勾配がある階段を登りますが、途中から眼下にオルベラの町の景観が広がるので写真を撮りながらゆっくりと登ってください。城に到着すると、今度は更に見張りの塔に上る為に狭い螺旋階段を登らないといけませんが、塔の上から広がる景色を見る為に頑張ってください。場内では塔以外に吸水場も見学できます。

セテニールの城塞から望遠で撮影したオルベラの町

オルベラの街並み

エンカルナシオン教会

城塞より少し低い位置に建つエンカルナシオン教会は18世紀のネオクラシック様式の教会です。イスラム時代には、同じ場所にモスクがあり、レコンキスタの後にゴシックの教会が建てられていました。

エンカルナシオン教会は当時権力者であったオスナ侯爵の命で建て直されもので、教会建設に使用された大理石はわざわざイタリアから取り寄せています。内部の壁に飾られた最後の晩餐の絵に描かれたキリストの前に奇妙な動物の丸焼きが描かれています。

教会前の広場からもオルベラの町並みを望めます。

ロス・レメディオス礼拝堂

町外れのセテニールに行く県道沿いにあるロス・レメディオス礼拝堂は白い壁に赤い縁取りバロック様式の礼拝堂で18世紀に建てられています。内部にはアンダルシア風の中庭があり、壁と天井に美しいフレスコ画が描かれています。

エンカルナシオン教会

最後の晩餐　奇妙な動物の丸焼き

雑談

スペインはどの街でもシャッターや壁に悪戯描きや絵が描かれています。オルベラも同じで旧市街でアンダルシアらしい壁画を見つけました。

ロス・レメディオス礼拝堂

オルベラの街並み

スエロス

Zuheros

コルドバからグラナダに向かう国道を少し外れて立ち寄れる町です。真っ先に町には入らず町の上にあるアタラヤ展望台に行くことをお勧めします。そこから眼下に城塞と町を見下ろす事ができ町の構造が分かります。時間に余裕がある人なら、更に峠を登るとコウモリの洞窟(Cueva de Murciélago)があります。鍾乳洞の洞窟で中石器時代に人が暮らしていました。見学は可能です。

スエロスは９世紀の細い路地が入り組んだ典型的なイスラムの町です。白い家が建ち並び、どの家にも格子で囲われた窓が付けられていますが他の村の窓に比べて小さい気がします。

レコンキスタ時代の1241年にカスティーリャ王国のフェルナンド３世王が町を攻略します。レコンキスタが終了すると1576年に城は改築され宮殿が建てられましたが18世紀には誰も住まなくなり廃墟になると石材は町の新しい住居を建てる為に持ち去られました。

産業は昔からオリーブや小麦を中心にした農業が主体ですが、近年は主に山羊乳を使ったチーズ作りを始め人気が出てきています。

スエロスの通り

城砦

スエロスの街並み

フリヒリアーナ　Frigiliana

地中海から始まる山に向かって7キロ程登るとフリヒリアーナに到着します。町からは地中海を望むことができ、近くに高速道路があって交通の便がよいので別荘も多く建っています。

フリヒリアーナのモリスコ地区は歴史ある地区で白く塗られ青く塗られた扉の家が目立ちますが、青い色はイスラムでは幸運を意味しイスラム教徒が好んで使った色です。それぞれの家には壁やベランダに植物が飾られています。階段や坂道を歩いていると猫に良く出会います。

町の所々の壁にタイルが張られ町の歴史がスペイン語で書かれています。それらはイスラム時代の生活やレコンキスタ、そしてマラガのワインに使用するモスカテル種の葡萄やサトウキビなどについて説明しています。サトウキビは観光が主体となり別荘やホテルが建つ以前の20世紀前半まで重要な産業でラム酒の工場もありました。

フリヒリアーナ

周囲の山には自然の洞窟があり5000年以上も前の新石器時代には人が暮らしていましが、フェニキアやローマがやって来た時にはすでにこの場所に集落があったようです。ローマ人がフレシニウス・アナと名付け、それがフリヒリアナに変形したようです。

しかし町に大きな影響を与えるのはイスラム教徒で特に10世紀から11世紀にかけて町を発展させます。ナスール王朝が滅亡しレコンキスタが終了するとスペインに残ったイスラム教徒達は弾圧を受け反乱を起こします。フリヒリアーナのイスラム教徒達も反乱に加わりますが最終的に鎮圧されてしまいました。

歴史が書かれたタイル

モンテフリオ *Montefrio*

モンテフリオ

レコンキスタがイスラムの勢力が弱まっていく中で唯一グラナダを首都とするナスール王朝がイスラム最後の砦でした。

モンテフリオはキリスト教徒の国と国境に位置し、地平線まで見渡すことが出来る岩山に城砦が築かれていました。

ただし、イスラム以前のモンテフリオは現在の町から7キロ程離れたペニャ・デ・ロス・ヒタノスという山の中腹にあり5000年前から穴居生活で人が暮らしていました。紀元前10世紀にはイベロ民族が支配しており、彼らが建てたドルメン(支石墓)がいくつも残っています。

ローマ人達もペニャ・デ・ロス・ヒタノスにアクロポリスを建設しました。すぐ下の谷は街道でそこを見張ることが出来るペニャ・デ・ロス・ヒタノスは彼らにとって街道を監視するのに都合が良い場所だったのです。

ローマの後にイベリア半島を支配するのは西ゴート族で彼らが造った住居跡やネクロポリス(墓地)が残されています。

ところがイスラム教徒の時代になるとペニャ・デ・ロス・ヒタノスは防衛には不都合と見なされ1352年に現在のモンテフリオに町が移されます。彼らは岩山に城塞を建設し、その裾に町を造りました。城塞からは地平線まで視界が開け敵の動きを見張るのに最適な場所で、更に遠くの山頂にも見張りの塔を建て敵が攻めて来た場合は狼煙で知らせることが出来るコミュニケーションのシステムが作られていました。

遺跡　貴族の墓　ドルメン

レコンキスタでグラナダ攻撃の前にイサベル女王がモンテフリオを攻めた時、無駄に兵を失うことを避け周囲の畑を焼き払い1年以上の兵糧攻めに持ち込みこみました。1486年に町に攻撃をかけた時イスラム軍には戦う力も気力も残っておらず、モンテフリオは簡単に陥落しました。

攻略後、イサベル女王はイスラムの城塞を破壊するとビリャ教会を建設しました。その後、ビリャ教会は町の中心的な教会になりますが18世紀末に破損が目立ち、新たにエンカルナシオン教会が建てられました。ローマのパンテオンのような円形の教会はヨーロッパには存在しない珍しい形です。現在、ビジャ教会はイスラム博物館になっていてビデオで歴史を紹介しています。階段を使って鐘楼の上まで登る事が可能です。

人口は6,200人ですが18世紀から19世紀には1万人を超えていました。周囲はオリーブ畑が広がり、それ故オリーブは町の重要な産業で良質のオイルが生産されます。

モンテフリオに到着したら、車で簡単に行けるので、是非トコン展望台に立ち寄って下さい。正面にビリャ教会が建つ岩山が聳え、その裾に広がる白い町並みのモンテフリオが望めます。ナショナル・ジオグラフィック社により世界の10の美しい村に選ばれるとナショナル・ジオグラフィック展望台と名前が変わりました。

モンテフリオは高知県の安田町と姉妹都市を結び中学生による交流が毎年行われています。

オリーブ産業

アンダルシア地方のワイン

Vino Andaluz

シェリー酒

ヘレス(シェリー)

一般的にシェリー酒と呼ばれていますがスペインではヘレスになります。これは、イギリス人がヘレスという発音ができずシェリーと呼ぶようになったからです。

使用する葡萄は、フィノ(ドライシェリー)の場合は主としてパロミノ種の葡萄を使用します。

葡萄畑は、ヘレス・デ・フロンテーラ、プエルト・デ・サンタマリア、サンルカール・デ・バラメダ、この三つの街を線で結んだ三角地点と呼ばれる土地にあり、この畑以外で収穫された葡萄は使用できません。土壌はアルバリサと呼ばれる白い土で、吸水力があり、地下2、3メートルは粘土質の土壌になっています。そこには1年中水を蓄えられているので、たとえ干ばつでも葡萄に被害が及ぶことはまずありません。

三角地点で収穫された葡萄を1度天日乾燥させた後に圧縮機で絞り樽に入れて発酵させます。その時樽に樽を葡萄汁でいっぱいにしないで、わざと5分の1ほど空気を残すようにします。そうすることによって、発酵中に樽の中のワインの表面にフロール(花という意味)いう白い酵母のカビが作られワインの表面に膜を作ります。この膜がワインに空気が触れないようにしてワインの酸化を防ぎます。

シェリーはアルコール強化ワインでブランディを加えて度数を17度前後に調整します。この度数にする理由はフロールを保つ為でこれ以上度数を上げるとフロールが死んでしまい樽の底に沈んでしまいます。因みに食後酒として飲まれるオロロソなどが度数を高くして作るワインです。

16世紀の大航海時代にシェリー酒は船で南米大陸に運ばれ売られましたが、航海中に船乗り達もシェリー酒を楽しんだこと

フロール

でしょう。それに、船底に積まれたシェリー酒の樽は重りの役割をして船を安定させる働きをしたようです。

16世紀になるとカディスの海岸にイギリスに雇われた、スペイン人に言わせるとイギリスの海賊が頻繁に現れるようになります。海賊たちは商船を襲うと船荷以外にもシェリー樽を奪ってイギリスまで運んで行きました。例えばフランシス・ドレイクが1587年にカディスを襲撃した時にも大量のシェリー酒を持ち去ったようです。幸か不幸か、そのお蔭でイギリスではシェリー酒がブームになったようで、後にイギリスへの輸出に大いに役立つことになったという訳です。

17、18世紀にイギリスへの輸出が増加するに従い、シェリー酒はイギリス人好みの味に仕上げられていきます。ブランディを加えてアルコール度を上げ、ソレラ様式でワインの味を一定させる方法もこの時代に考えられたものです。

ソレラ様式とは、シェリー酒工場を見学するとワインの樽が３段に積まれていますが、瓶詰する時に１番下の古い樽からワインを３分の１抜き取ります。抜き取られた樽には２段目の樽から補充され、その樽には１番上の樽からワインを補充します。そしてその年のワインが１番上の樽に入れられるというシステムで、そうすることによって味を一定にさせるのが目的です。

ドライシェリーのフィノ以外にも、フィノになる前にアルコールを加えて18度から20度の度数に上げるアモンティジャーノがあります。アルコールを加えることで、ワインの表面に浮かんだカビが死に樽の底に沈みワインが酸化します。それによりアモンティジャーノの色は琥珀色になると同時にドライフルーツのような繊細な香りを持ちます。

最初からアルコールを上げて熟成させるオロロソはアモンティジャドより更に色が濃くアルコール度数も高くコクがあります。

三角地点の１つの街、サンルカール・デ・バラメダにもワイナリーが多くありますが、同じ葡萄を使用し、同じ工程でワインを作りますがヘレスではなくマンサニージャと呼ばれています。

海岸線にあるサンルカールは湿気があり気温がヘレスのように高くなりません。それがワインに良いとワイナリーの見学に行くと案内人が自慢げに話してくれます。

コルドバ県のモンティージャという町でもシェリー酒と同じ製造法でワインが作られて原産地呼称はモンティージャ・モリレスになります。コルドバ県以外ではあまり見かける事はないのでコルドバに行かれたら是非試してみてはどうでしょうか。

ソレラ様式

平橋 弘行
Hirahashi Hiroyuki

8才の時に一人で旅したのがきっかけで旅行が好きになり夏休みや冬休みを利用して国内の旅を始める。

独学でスペイン語を学んだ後、スペインに留学。

旅行がブームでない時にバックパックやオートバイで世界を旅する。

旅行会社に勤務し駐在員としてスペイン赴任し現地法人を立ち上げる。

旅行会社を退社後に独立して旅行会社 PSM アドベンチャーを設立。

巡礼街道を何度か歩き、自転車でも走行、アトラス山脈やピレネーのトレッキングを体験。3日間であるが、夏にサハラをラクダで旅を体験する。

巡礼街道では撮影のコーディネート、国立民族学博物館の巡礼街道の永久保存版ビデオの撮影に関してコーディネーターも経験。

アンダルシアの町モンテフリオと高知県の安田町との姉妹都市締結をさせる。

料理とワインが好きで各地の名物料理を味わいワイナリー見学が趣味。

スペイン滞在 30 年の経験を生かしてアドバイスや企画を提供している。

アンダルシアが好きになる本

2020年11月28日　初版第1刷発行
2024年1月28日　初版第2刷発行

著　者　平橋　弘行
発行所　学術研究出版
〒670-0933　兵庫県姫路市平野町62
TEL. 079(222)5372　FAX. 079(244)1482
https://arpub.jp
印刷所　小野高速印刷株式会社

ISBN978-4-910415-04-8

乱丁本・落丁本は送料小社負担でお取り換えいたします。